SMART COOKIE KID

III 

pour les enfants de 3 à 4 ans

Mary Khalil
Baha Kodir

PRÉFACE

Ce cahier de développement propose une variété d'exercices captivants conçus pour améliorer l'attention, la concentration, les intelligences multiples, la mémoire visuelle, les compétences motrices, la pensée critique, les capacités d'apprentissage, la résolution de problèmes, la créativité, et bien plus encore chez votre enfant. Pour des résultats optimaux, nous recommandons que les enfants effectuent ces activités de manière séquentielle et régulière, avec l'encadrement d'un adulte. Chaque exercice de ce livre divertissant et stimulant l'attention est accompagné d'instructions claires. Il n'y a pas de limite de temps spécifique pour chaque exercice. Ce qui est le plus important, c'est que votre enfant apprécie de concentrer son attention tout en résolvant des problèmes et en acquérant de nouvelles compétences.

Si votre enfant trouve les instructions confuses pendant une activité, il est important de clarifier ces confusions avec une explication simple et compréhensible ou en fournissant un exemple. Les encouragements verbaux positifs sont une excellente manière de motiver votre enfant lorsqu'il réussit à accomplir les exercices. Par exemple, vous pouvez dire : "Tu fais un travail incroyable !" ou "Tu es incroyablement génial(e) !"

Le livre présente des illustrations charmantes créées avec soin et expertise, spécialement conçues pour captiver l'imagination des enfants. Ces œuvres d'art délicates sont le résultat du talent d'artistes professionnels.

De plus, nous avons inclus des pages de jeux divertissants pour offrir aux parents des moments de qualité à la maison avec leurs enfants. Ces jeux amusants sont sûrs de créer des moments mémorables et de favoriser une connexion forte entre vous et vos petits.

Montrez les mêmes parachutes avec vos deux mains en même temps.

Trouvez le symbole caché dans le stade sur l'image.

Faites des exercices oculaires en suivant les lignes avec le bébé.
Répétez l'exercice au moins 5 fois.

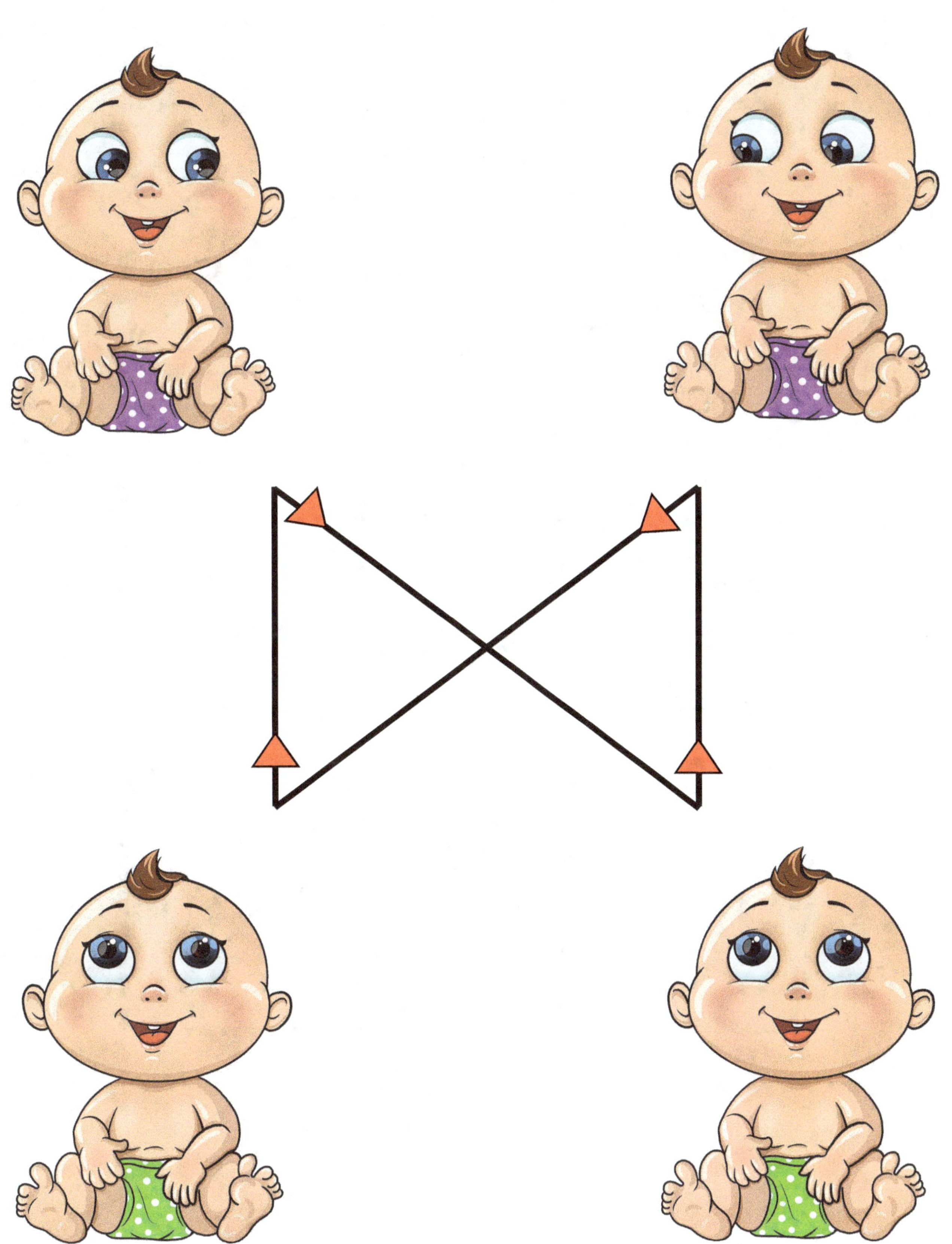

Dessinez les symboles comme dans l'exemple.

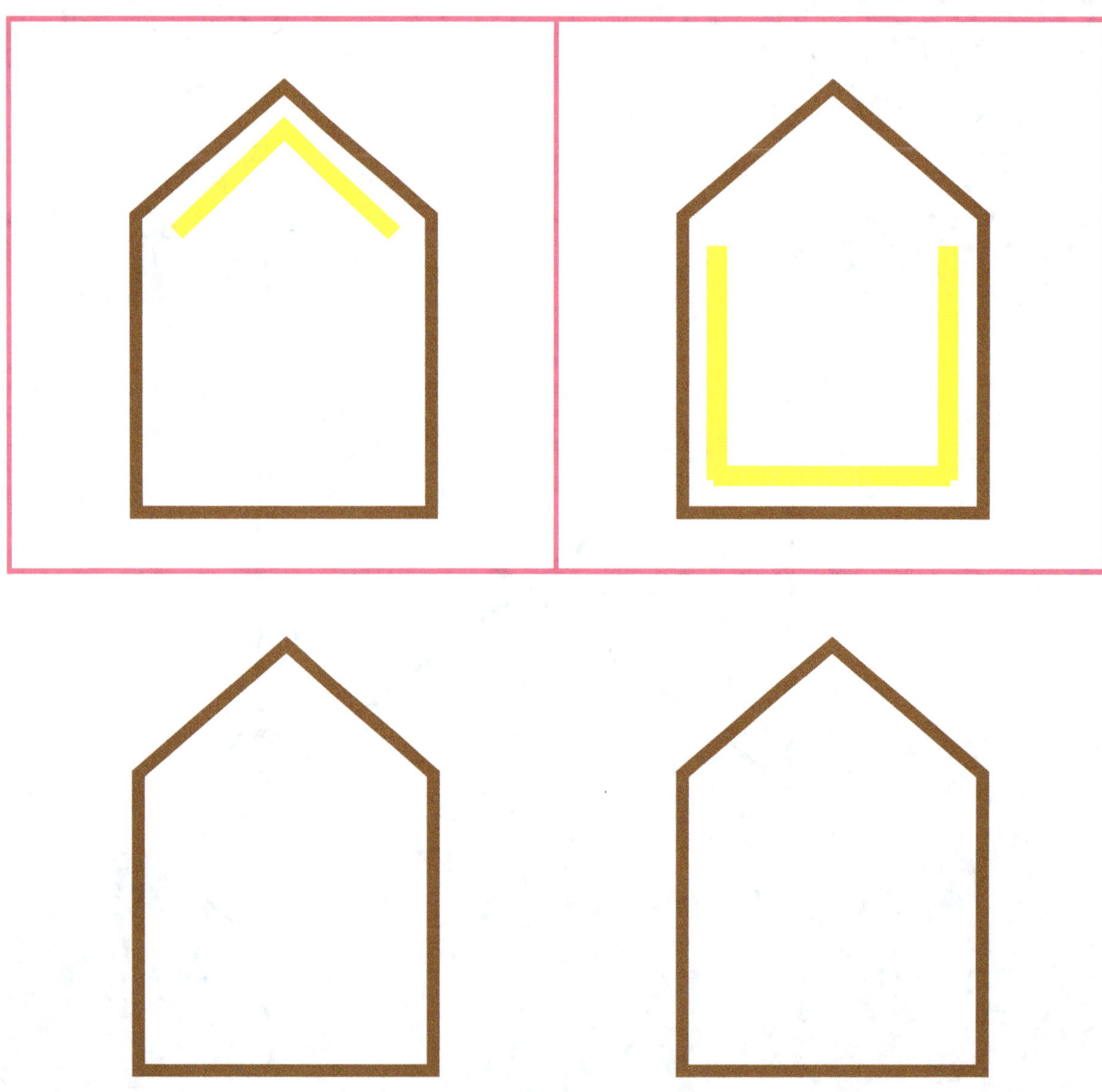

Trouvez la partie inutile de l'image dessinée par l'artiste.

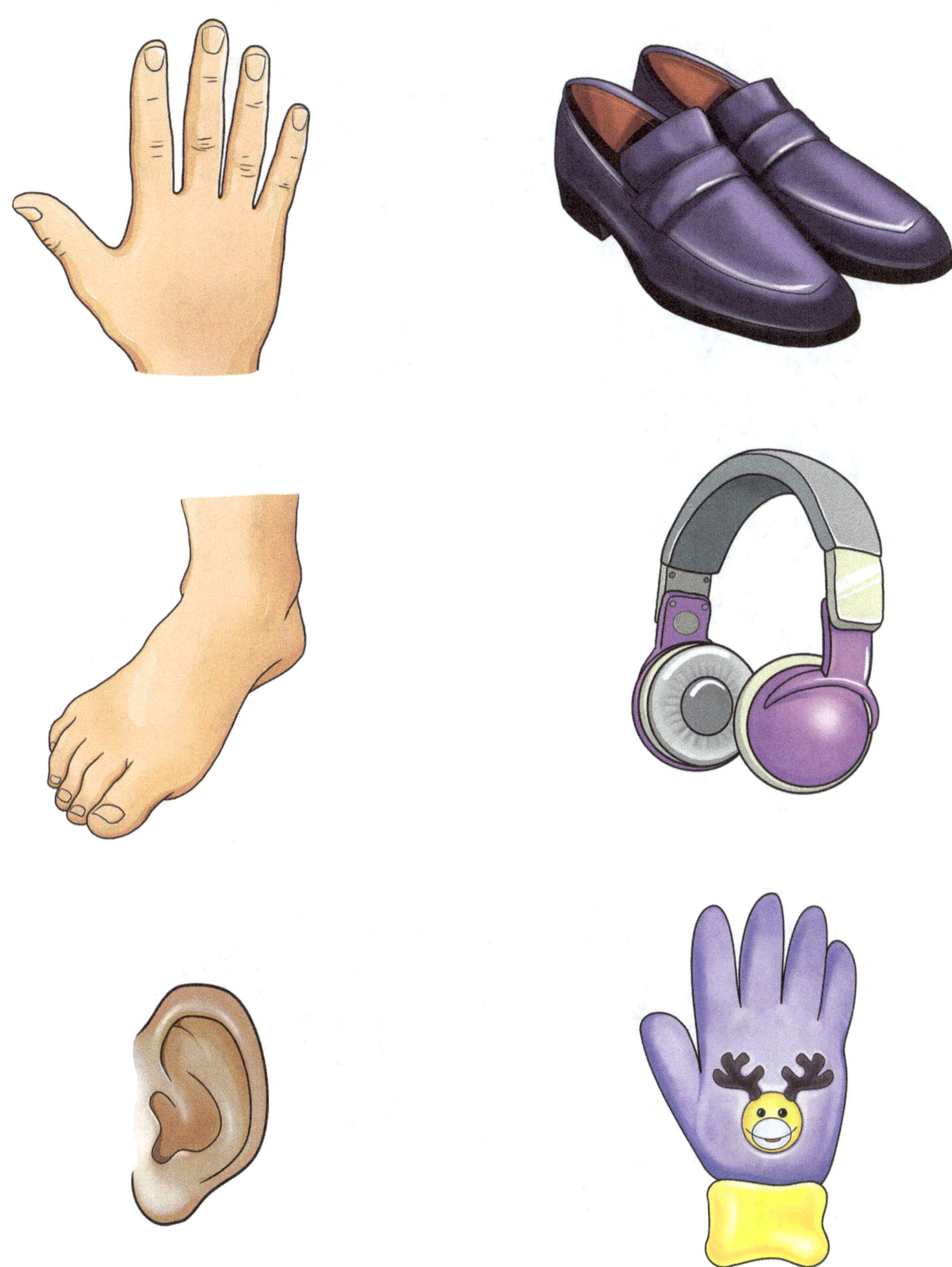

Trouvez et marquez à quel objet appartient cette pièce.

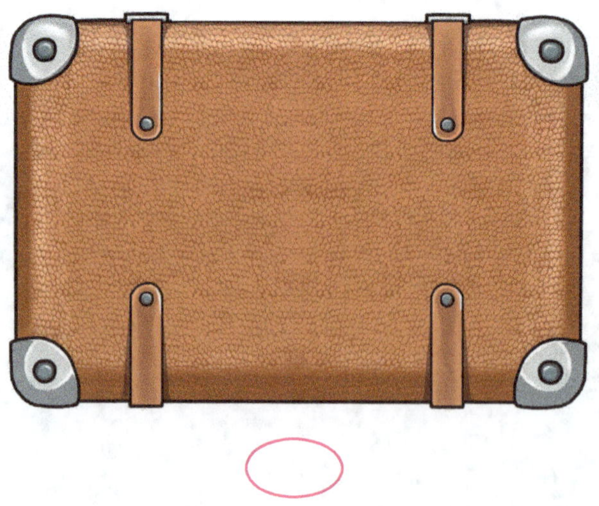

Trouvez et marquez lequel fonctionne à l'électricité.

Marquez le symbole que vous ne voyez pas sur le cube magique.

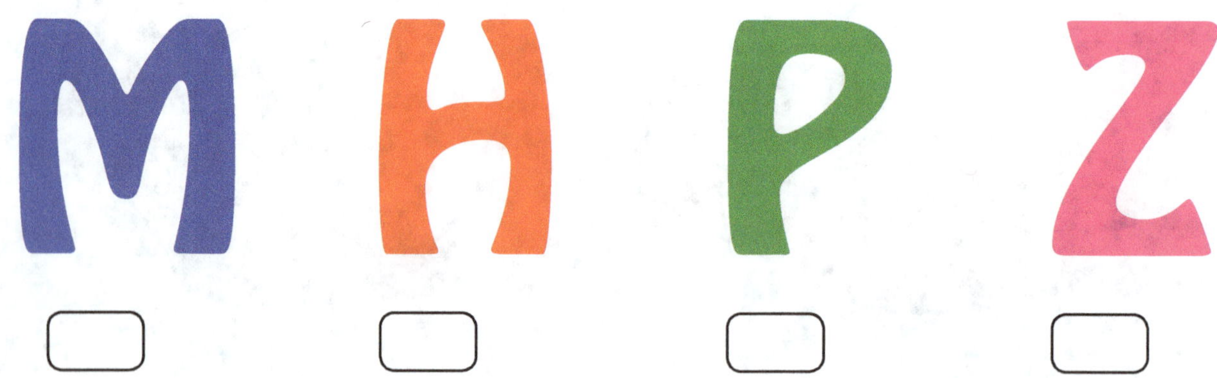

Terminez le symbole comme dans l'exemple.

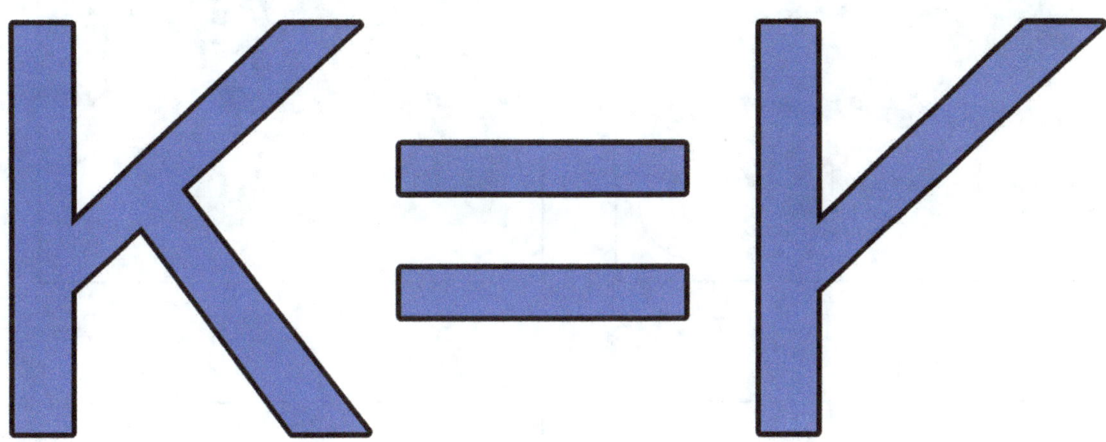

17

Trouvez le symbole mal écrit.

Associez les vêtements aux formes incolores.

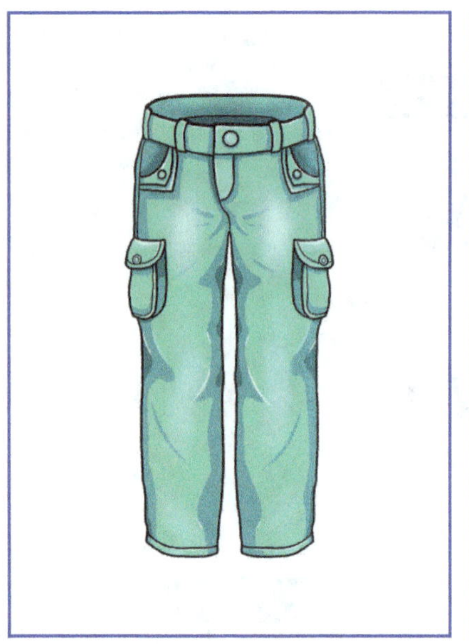  

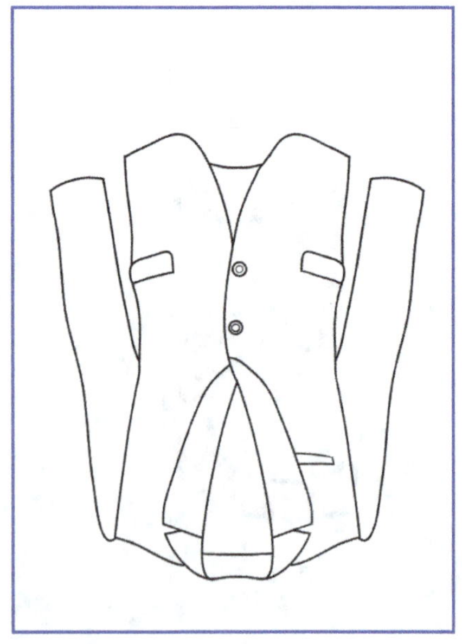 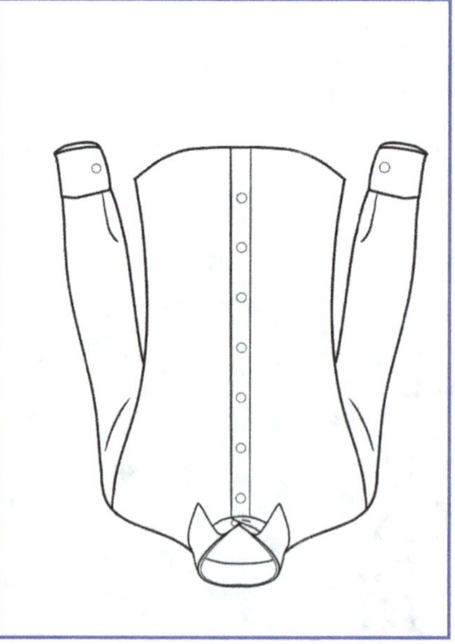 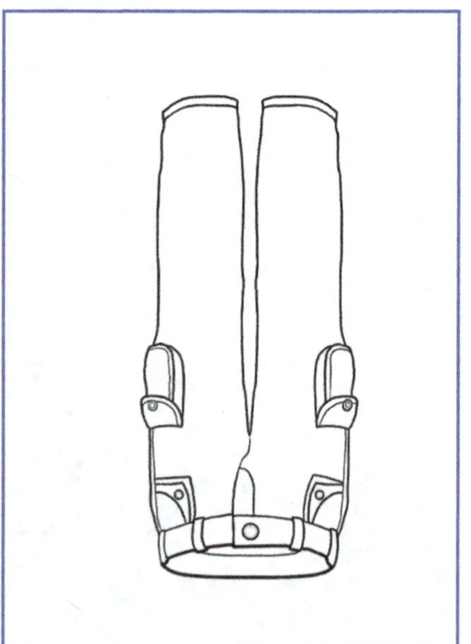

Trouvez et marquez à quels symboles ressemblent les branches de l'arbre ci-dessus.

Peignez les images et assurez-vous que les deux côtés doivent être de la même couleur.

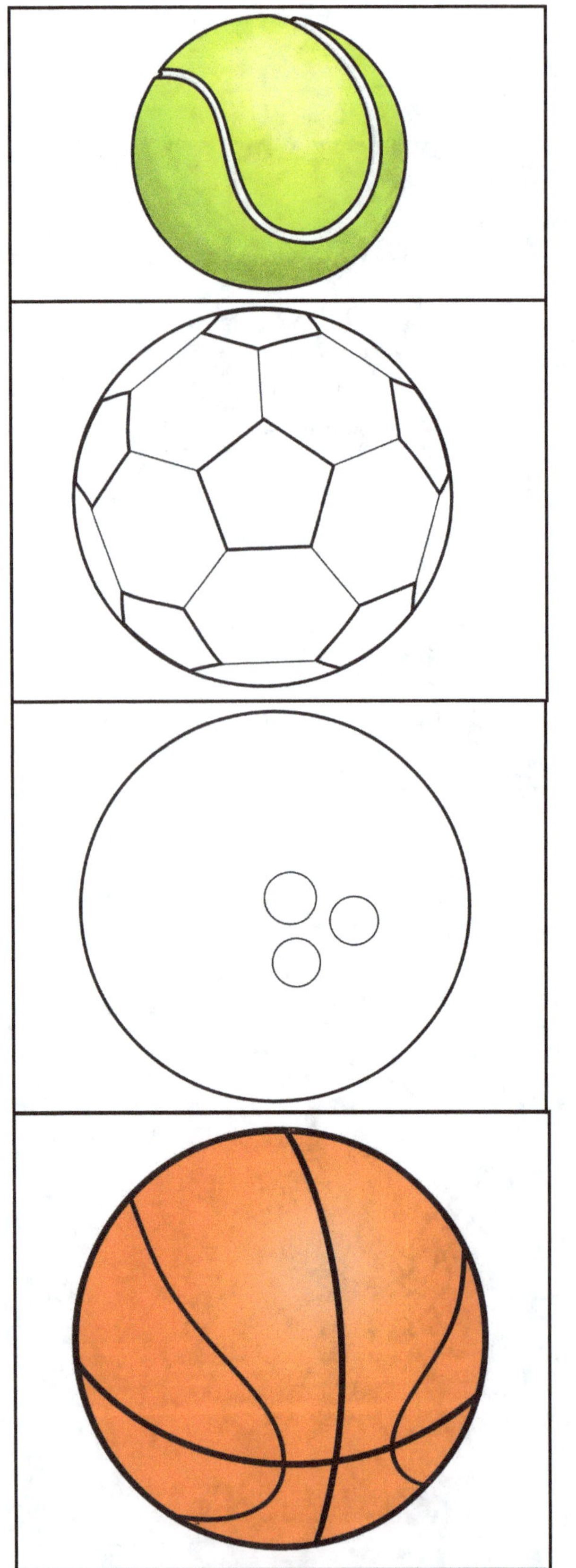

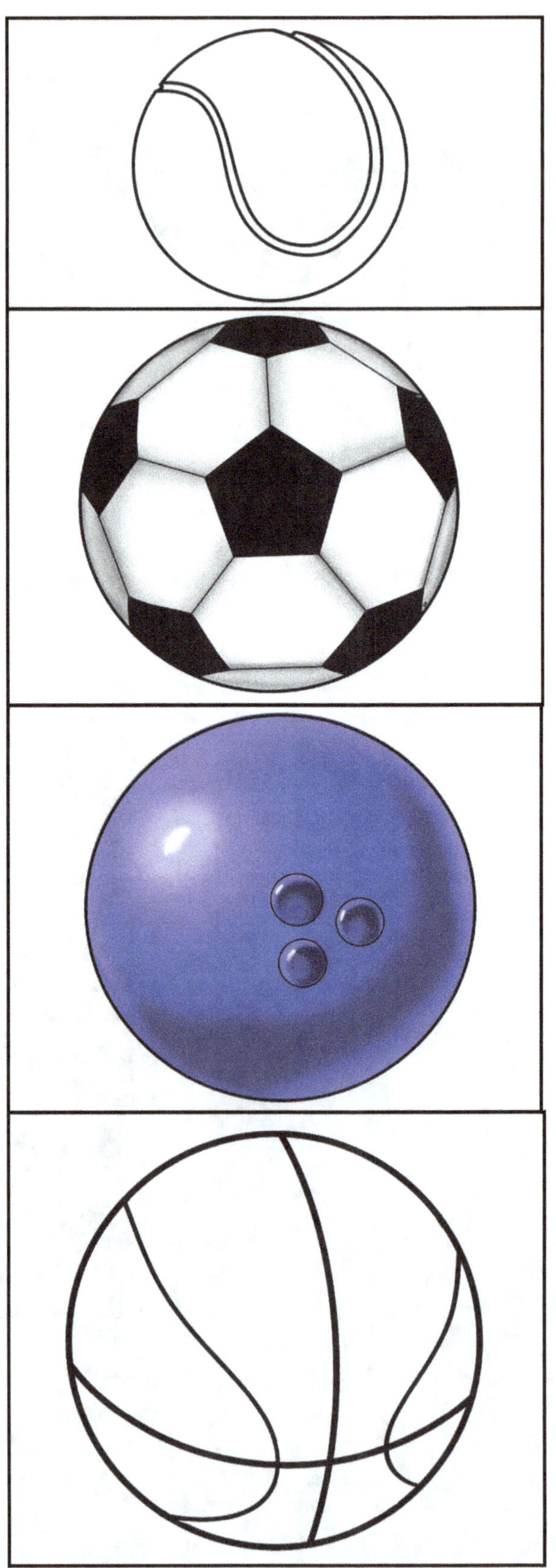

Trouvez le symbole caché dans la bibliothèque sur l'image.

Trouvez et marquez le nombre de flamants roses dans le lac.

Transformez la figure géométrique en objet technique en dessinant dessus.

Dessinez les symboles sous les ballons à air comme dans l'exemple.

Faites des exercices oculaires en suivant les lignes avec le bébé.
Répétez l'exercice au moins 5 fois.

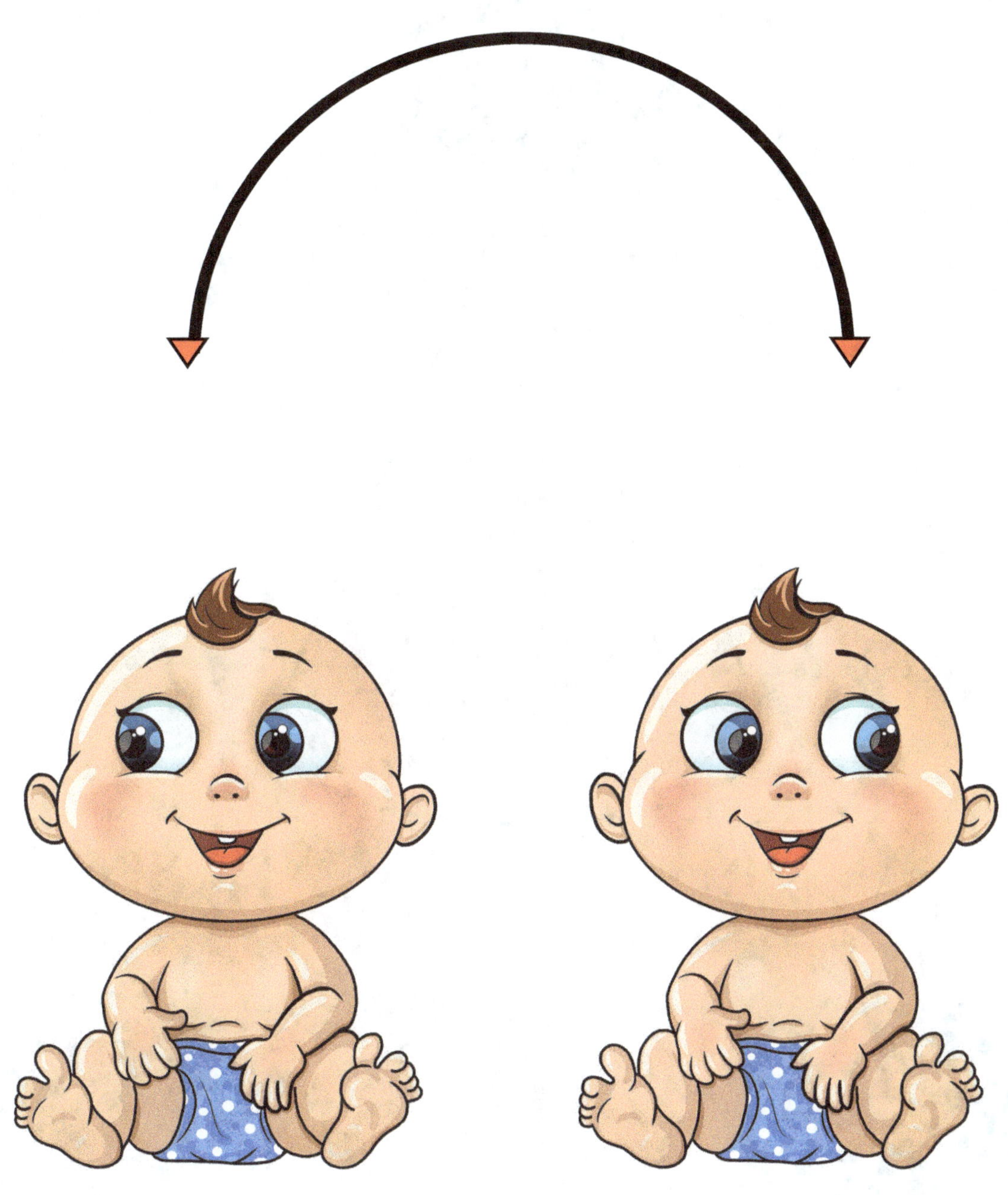

Trouvez et marquez à quelle figure géométrique sous le
chapeau d'anniversaire ci-dessus ressemble.

Dessinez les symboles comme dans l'exemple et assurez-vous que les deux côtés doivent être identiques.

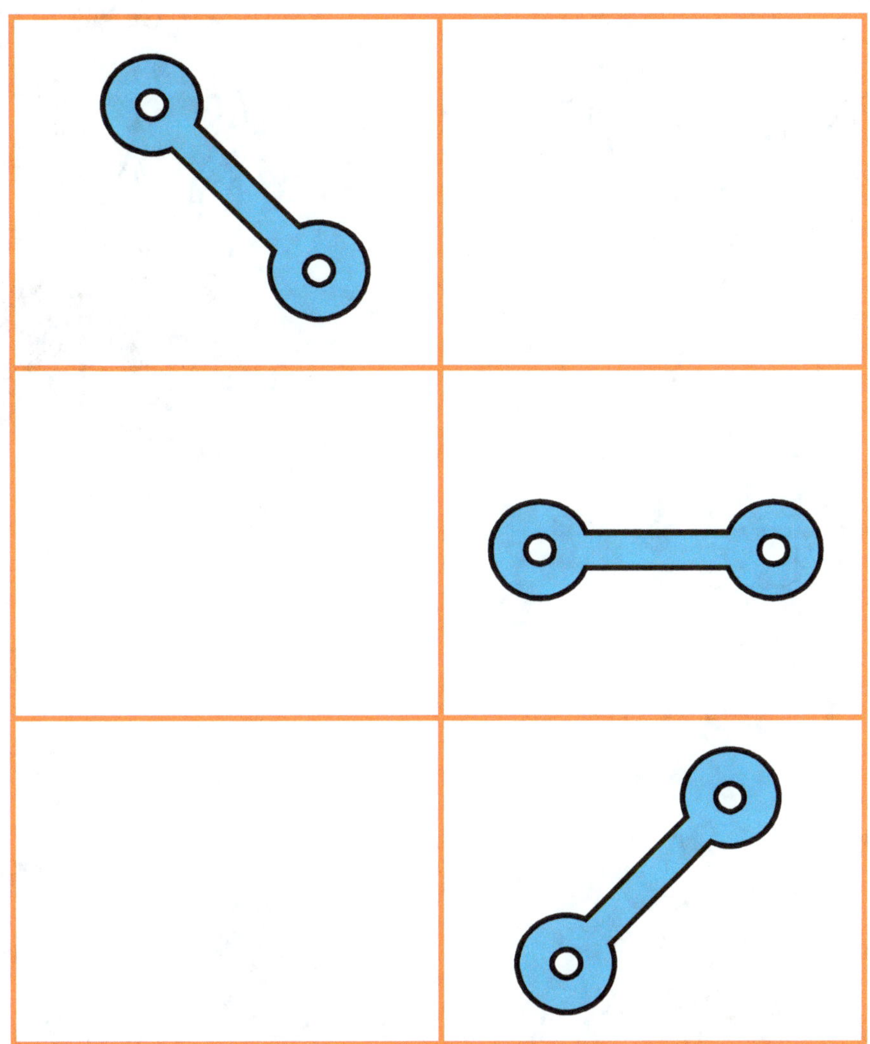

Trouvez et marquez ceux qui sont froids.

Instruction: Un grand cercle est dessiné. Quelques petites pierres sont placées au hasard dans le cercle. Quelqu'un attend à l'intérieur du cercle. Le reste des participants essaient de retirer les pierres sans se faire attraper par le participant debout dans le cercle. Celui qui ramasse le plus de pierres en premier gagne. Si le participant debout dans le cercle attrape l'un des participants hors du cercle, celui-ci change de position.

Suggestion: Quelques petites pierres. Ce jeu se joue dans le jardin.

CHAUD ET FROID

Instruction : Un objet est caché à l'intérieur de la maison sans le montrer à l'enfant. L'objet est décrit à l'enfant et lui demande de retrouver l'objet. Le mot chaud s'utilise lorsque l'enfant s'approche de l'objet et froid lorsqu'il s'éloigne.

Suggestion : Certains objets que l'enfant connaît peuvent être choisis.

www.ingramcontent.com/pod-product-compliance
Lightning Source LLC
Chambersburg PA
CBHW080924160726
48000CB00009B/3116